6. Auflage 2023
Copyright © 2015 Gerstenberg Verlag, Hildesheim
Alle Rechte vorbehalten
Text und Illustration: Thomas Müller, Leipzig Satz
und Litho: typocepta, Köln
Druck: TBB, a.s., Banská Bystrica
Printed in the Slovak Republic
www.gerstenberg-verlag.de
ISBN 978-3-8369-5822-6

Thomas Müller

Ein Jahr mit den Störchen

GERSTENBERG

Anfang April ist der Frühling bereits deutlich zu spüren.
Und die Störche sind wieder da! Das Männchen ist schon
vor einer Woche aus Afrika zurückgekehrt und hat sein
altes Nest auf der Scheune in Besitz genommen. Nun trifft
auch die Storchenfrau ein. Mit eifrigem Schnabelklappern
begrüßt sich das Paar.

Die beiden machen sich daran, das Nest auszubessern. Bald darauf sitzt das Storchenweibchen auf drei Eiern. Beide Partner wechseln sich beim Brüten ab und halten die Eier warm. Das gewaltige Storchennest, das wie eine uneinnehmbare Festung über dem Bauernhof thront, ist Regen und Kälte stark ausgesetzt.

Nach dreißig Tagen Brutdauer schlüpfen die jungen Störche.
Nun beginnt eine geschäftige Zeit für die Storcheneltern.
In ihrem Kehlsack sammeln sie Regenwürmer, Insekten und
Kaulquappen, mit denen sie die Jungen zu Anfang füttern.

Ein Elternstorch bleibt immer am Nest, denn in den ersten Wochen ihres Lebens sind die Jungen vielen Gefahren ausgesetzt. Hungrige Greifvögel oder Marder warten nur auf einen unbeobachteten Augenblick. Auch zu starke Sonneneinstrahlung oder heftiger Regen können den Jungen zusetzen. Doch die großen elterlichen Schwingen bieten sicheren Schutz.

Nach einigen Wochen bekommt die Storchenfamilie Besuch. Ein Ornithologe gelangt mithilfe eines Leiterkrans hinauf zum Nest, um den jungen Störchen Ringe anzulegen. Diese Ringe, die die Tiere ein Leben lang tragen, können später einmal Auskunft über die Zugwege der Vögel geben. Wie bei jeder Gefahr verfallen die Nestlinge in eine Schreckstarre – sie stellen sich tot. So gelingt es dem Vogelkundler rasch, sein Werk zu verrichten.

Die Storchenkinder wachsen schnell und können nach einiger Zeit allein im Nest bleiben. Ihre Eltern bringen Mäuse, Maulwürfe, Frösche, große Insekten, sogar Schlangen und Eidechsen, um den gewaltigen Hunger ihrer Kinder zu stillen. Die Jungen sind inzwischen fast ausgewachsen und beginnen mit Flugübungen in luftiger Höhe. Zuerst halten sie sich noch mit den Füßen am Nest fest. Doch bald schon schweben sie ein gutes Stück über dem Horst.

Schließlich kommt der Tag, an dem die jungen Störche ihren sicheren Horst verlassen. Zuerst noch unsicher, entwickeln sie in kurzer Zeit ihre Flugkünste. Nach sechzig Tagen im Nest erkunden sie nun die Umgebung und lernen, Mäuse und Frösche selbst zu fangen.

Mitte August – der Sommer neigt sich allmählich seinem Ende entgegen – sammeln sich die Störche, um in ihr Winterquartier aufzubrechen. Dabei treten die Jungstörche die Reise zuerst an. Einem angeborenen Orientierungssinn folgend, finden sie den Weg nach Afrika ganz allein. Einige Tage später machen sich auch die älteren Störche auf die Reise.

Auf dem Flug Richtung Süden finden sich die Störche in immer größeren Gruppen zusammen. Dabei legen sie häufiger Rast ein, um sich auszuruhen und Nahrung aufzunehmen.

Störche nutzen die warmen Aufwinde über Land, lassen sich kreisend in große Höhen tragen und segeln dann eine weite Strecke ihrem Ziel entgegen. In Gibraltar, dem äußersten Zipfel Europas, schrauben sich die Vögel hinauf in den Himmel und überqueren die Meerenge Richtung Afrika.

Bis heute weiß man nicht genau, wie die Störche ihren Weg finden. Dabei scheinen Landmarken wie Seen oder Autobahnen, die Windrichtung und das Magnetfeld der Erde von entscheidender Bedeutung zu sein. Nach vielen Wochen anstrengender und gefährlicher Reise erreichen die Störche schließlich ihre zweite Heimat in Afrika.

Während in Europa Winter herrscht, leben die Störche in der Wärme Afrikas. Sie suchen in der Nähe von Viehherden aufgeschreckte Kleintiere und finden in Heuschreckenschwärmen reiche Beute.

Die häufigen Buschfeuer, die für viele kleine Tiere den Tod
bedeuten, bescheren den Störchen einen reich gedeckten Tisch.
Dem Feuer folgend suchen die Störche den verbrannten Boden
nach toten Schlangen, Echsen und Kleinsäugern ab.

Im Dezember erfasst die Störche eine immer größere Unruhe. Wieder sammeln sich die Vögel zum Zug, diesmal Richtung Norden. Doch nur die älteren Störche treten die Reise an. Die jungen Störche werden vier Jahre lang in Afrika bleiben. Erst wenn sie erwachsen sind und alt genug, selbst ein Nest zu bauen, werden sie zurück nach Europa fliegen.

Ende März, Anfang April treffen die ersten Störche
schließlich wieder in ihren heimatlichen Brutgebieten
ein. Sie landen auf ihren Nestern und machen sich mit
ihrer alten Umgebung vertraut. Nicht nur der Frühling
ist endlich gekommen. Auch die Störche sind wieder da!

Wissenswertes

Der WEISSSTORCH oder auch einfach Storch ist mit seinem schwarz-weißen Gefieder, seinem roten Schnabel und den roten Beinen ein unverwechselbarer Vogel. Männchen und Weibchen sind äußerlich nicht zu unterscheiden. Als sogenannter Kulturfolger hat sich der Storch eng an uns Menschen angeschlossen. Er baut sein Nest auf Scheunendächer, Schornsteine und Hochspannungsmasten. Dieses Nest, auch Horst genannt, wird von dem Storchenpaar häufig viele Jahre lang genutzt. Störche sind Zugvögel. Zweimal im Jahr legen sie gewaltige Stecken zurück – bis zu je 10 000 km. Die „Oststörche" ziehen östlich um das Mittelmeer über die Türkei, den Bosporus, Israel und Ägypten nach Tansania und Südafrika. Die „Weststörche" ziehen westlich über Spanien, Portugal, Gibraltar nach Marokko Richtung Westafrika.
Ihre lange Zugroute ist voller Gefahren. Die Vögel werden gejagt, geeignete Rastgebiete verschwinden, elektrische Freileitungen und Windräder sind Unfallquellen. Zudem finden sie immer weniger Nahrung, weil viele Feuchtgebiete trockengelegt wurden und es neben den Ackerflächen der modernen Landwirtschaft kaum noch Wiesen mit Mäusen und Fröschen gibt. Das hat die Zahl der Störche vor allem in Westeuropa stark schrumpfen lassen. Erst Ende 1980er-Jahre konnte der stetige Rückgang der Störche gestoppt werden.

Der SCHWARZSTORCH lebt scheu und zurückgezogen in alten, ausgedehnten Wäldern mit Teichen und Bächen. Hier und in nahegelegenen Feuchtgebieten erbeutet er Fische und Lurche, wozu Frösche und Molche zählen. Etwa einen Monat später als der Weißstorch zieht auch der Schwarzstorch nach Afrika ins Winterquartier. Seit einigen Jahren hat die Zahl der Schwarzstörche in Europa erfreulicherweise wieder zugenommen.

Zwei große schlanke Vögel mit langen Beinen, die eine ähnliche Lebensweise wie der Storch haben, sind GRAUREIHER und KRANICH.

Im Unterschied zum Storch fliegt der GRAUREIHER mit stark s-förmig angezogenem Hals. Fischreiher lauern nicht nur oft reglos stehend am Wasser auf Fische und Lurche, sie machen auch auf Feldern Jagd auf Mäuse.

Der KRANICH nistet am Boden versteckt im Schilf oder Moor. Eindrucksvoll ist nicht nur seine elegante äußere Erscheinung, sondern auch die keilförmige Flugformation der ziehenden Vögel. Dabei kann man die trompetenden Rufe der Kraniche weithin hören. Das Winterquartier vieler Kraniche liegt ebenfalls in Afrika.